LES

IRRÉGULARITÉS DE PLAN

DANS LES ÉGLISES

PAR

Anthyme **SAINT-PAUL**

CAEN

HENRI DELESQUES, IMPRIMEUR-ÉDITEUR

34, RUE DEMOLOMBE, 34

1906

LES
IRRÉGULARITÉS DE PLAN
DANS LES ÉGLISES

PAR

Anthyme SAINT-PAUL

CAEN

HENRI DELESQUES, IMPRIMEUR-ÉDITEUR

34, RUE DEMOLOMBE, 34

—

1906

LES IRRÉGULARITÉS DE PLAN

DANS LES ÉGLISES

Sous ce titre : *La déviation de l'axe des églises est-elle symbolique ?* notre sympathique et honoré maître M. de Lasteyrie a publié, l'an dernier (1), une étude très documentée où il s'est proposé de convaincre d'erreur la théorie rattachant à une cause intentionnelle et mystique l'inclinaison de certains chœurs vers le nord, c'est-à-dire à gauche pour le spectateur placé dans la nef, mais à droite si l'on considère une église, dans son plan, comme l'image du Christ couché sur sa croix.

Je suis celui qui ai le plus récemment affirmé le symbolisme de l'*Inclinato capite ;* mon éminent confrère le constate, et me voilà fondé à croire que c'est moi qui ai fait déborder la coupe. M. de Lasteyrie a jugé qu'il fallait en finir avec un système trop long-temps soutenu et trop évidemment insoutenable.

(1) *Mémoires de l'Académie des Inscriptions et Belles-Lettres*, t. XXXVII, 2ᵉ partie ; — *Bulletin Monumental*, t. LXIX, 1905, p. 422.

Je n'ai, je l'avoue, ni confusion ni remords de l'avoir adopté. Je me trouve en noble et illustre compagnie : Anatole de Barthélemy, Crosnier, Auber, Gareiso, pour le passé : MM. Mortet, Mâle, Brutails, pour le présent. Je ne désavouerai certes pas de tels associés, et si, après mûre réflexion, j'en viens à m'écarter d'eux, ce ne sera pas sans avoir, en leur nom et au mien, protesté contre les qualifications de « puériles 1), ridicules 2), absurdes 3) : aberration née à l'époque où, à défaut de science, on faisait du sentimentalisme en archéologie 4) : œuvre d'archéologues de l'ancienne école (5) : invention de circonstance (6) », jetées dédaigneusement à la face de nos doctrines par un prélat qui, au moins, aurait dû condescendre à quelque indulgence envers des hommes dont l'unique tort, si c'en était un à ce point condamnable, fut d'avoir porté dans leurs préoccupations un esprit trop ecclésiastique.

Les critiques de Mgr Barbier de Montault, qui ont, matériellement, quelque importance, puisqu'elles se sont produites les premières et qu'elles ont servi de point de départ à celles de M. de Lasteyrie, se sont présentées à moi sous un jour défavorable et me sont restées suspectes, parce que, venant à propos de tout et à propos de rien, visiblement passionnées, elles

(1) *Bulletin Monumental*, t. XXXVIII (1872), p. 472.

(2) *Ibid.*, t. LVI (1890), p. 449.

(3) *Ibid.*, t. LI (1885), p. 20, note.

(4) Page 19, au commencement de la même note.

(5) *Bulletin Monumental*, t. LVI, p. 449.

(6) *Paysages et monuments du Poitou*, de M. Jules Robuchon ; monographie de Poitiers, p. 118.

étaient dirigées surtout contre un prêtre hautement
considéré, souvent consulté par M. de Caumont lui-
même, et que la faiblesse de ses derniers écrits ne
suffirait pas à faire retrancher du nombre des grands
médiévistes du XIX* siècle.

Le chanoine Auber avait publié une *Histoire du
symbolisme*. A peine était-elle achevée, que Mgr
Barbier de Montault donnait au *Bulletin Monumental*,
en 1872, une monographie de l'église de Buxerolles
(Vienne), dont l'axe était dévié avant sa reconstruction récente. C'était une excellente occasion de
mettre en cause l'abbé Auber et de le gourmander
sur sa crédulité relativement aux brisures intention-
nelles : de là une note (1), suivie d'une lettre de
l'écrivain attaqué, lettre vide, assurément, de bonnes
raisons, mais amicale et digne dans le langage. La
réplique ne se fit pas attendre, et, ce qu'il y a de
piquant, c'est qu'elle a échappé à M. de Lasteyrie,
qui ne la cite pas. Elle se lit pourtant dans le même
volume (2), et ce que M. de Lasteyrie, après coup, a
retrouvé dans les *Œuvres complètes* du fécond érudit
n'est guère qu'une combinaison de ces deux ou trois
pages avec quelques lignes écrites ailleurs et plus
tard. Mgr Barbier de Montault est, en effet, revenu
incidemment, très incidemment, sur l'*Inclinato capite :* une fois, à propos d'un vitrail (3) ; une autre
fois, à propos d'une irrégularité absidale, qui n'est

(1) *Bulletin Monumental*, t. XXXVIII, p. 472.

(2) Tome XXXIX, pp. 309-311 : *Réponse de Mgr Barbier de
Montault à M. l'abbé Auber.*

(3) *Le vitrail de la Crucifixion à la cathédrale de Poitiers ; Bulletin Monumental*, t. LI (1877), pp. 17-45 et 141-168.

pas une déviation (1); une troisième fois, en s'occupant des singularités de plan qui se voient à la cathédrale de Poitiers (2); et il est possible que, moi-même, je ne connaisse pas tout encore.

Mgr Barbier de Montault, qui avait le triomphe facile, comme le ton tranchant et hautain (3), se flattait que, lui ayant prononcé, « la lumière était faite » (4) et les « inventions de circonstance radicalement jetées à bas par la science » (5). Avec cela, les raisons alléguées m'ayant paru sommaires, mauvaises ou discutables, je ne me suis même pas demandé si je devais changer de manière de voir.

Ces raisons entrent pour une bonne part dans la réfutation de M. de Lasteyrie, mais élevées à l'état d'arguments sérieux, améliorées, corrigées, complétées et présentées de manière à en rendre la discussion cordiale et courtoise.

Je ne répéterais pas à présent ce que j'écrivais l'an dernier, c'est-à-dire « ne savoir où, ni par qui, ni au moyen de quels documents ou arguments » le système de l'*Inclinato capite* avait été « jeté à bas par la

---

(1) *Bulletin Monumental*, t. LVI ; *Iconographie et symbolisme de l'église abbatiale de Fontgombaud*, pp. 446-474.

(2) Collection Robuchon, Poitiers, p. 118.

(3) D'autres que moi en avaient été froissés, puisque la réplique à l'abbé Auber était précédée d'un avis du comité de rédaction du *Bulletin Monumental* exprimant le regret d'avoir à l'insérer. Et six ans plus tard, Alfred Ramé, terminant une critique de l'article concernant le vitrail de la Crucifixion (*Bulletin Monumental*, t. LI, pp. 365-378), adressait au docte prélat ce sévère conseil : « Il y a des choses qu'il faut savoir ignorer ».

(4) *Bulletin Monumental*, t. LI, p. 20, note.

(5) Poitiers, p. 118.

science ». La science, elle est là, et nous possédons maintenant une thèse digne de ce nom.

La critique de M. de Lasteyrie n'est un peu trop dure, me semble-t-il, que dans la phrase où, à son tour, il traite de « fantaisie pure » l'opinion qu'il combat (1). Si elle était fantaisie pure, valait-elle la peine qu'un membre de l'Institut, et non des moindres, s'armât de toutes les foudres de l'érudition pour la terrasser? Si nous nous sommes trompés, si je me suis trompé, pour ne plus engager que moi-même, ce n'est ni par légèreté, ni par étourderie. Les réflexions ont pu n'être pas assez profondes, assez pesées, n'être pas groupées dans un ensemble de recherches assez étendu: cela, oui, je le reconnaîtrai volontiers.

J'ai donc, sur la lecture du mémoire de M. de Lasteyrie, procédé à un loyal examen de conscience, j'ai minutieusement repassé dans mon esprit les motifs qui m'avaient déterminé, je les ai discutés à nouveau et rapprochés de l'argumentation de mon honoré contradicteur. J'ai tout remis, en quelque sorte, dans le creuset, et voici, avec l'état ancien, l'état qui lui succède.

Avec la même liberté et la même franchise, je m'expliquerai sur la valeur, telle qu'elle m'apparaîtra, des preuves alléguées, valeur, selon moi, très inégale.

Ces preuves sont de deux ordres : d'ordre écrit, d'ordre monumental : il en est ainsi presque toujours en bonne et saine archéologie.

Je ne me le dissimule aucunement, c'est bien osé à moi que d'instituer avec un des professeurs les plus

____

(1) *Bulletin Monumental*, t. LXIX, p. 438.

distingués de l'École des Chartes, soutenu par un archéologue non moins distingué. M. Edmond Le Blant, un débat sur l'autorité des textes, soit qu'ils se taisent, soit qu'ils parlent. J'exposerai toutefois avec simplicité le doute dont je ne puis me défendre.

L'argument négatif tiré du silence des écrivains tient à un de ces principes dont il est dangereux de serrer de trop près l'application. Nous l'avons vu, au dernier siècle, dans certaines discussions homériques, telles que la polémique relative à l'âge de la cathédrale de Coutances et celles dont, à plusieurs reprises, Saint-Front de Périgueux a été le sujet. Ce qui est vrai des annalistes et des chroniqueurs peut l'être, dans une large mesure, des Pères de l'Église et des auteurs mystiques. Nous leur prêtons gratuitement un esprit méthodique et un souci d'être complets qu'ils n'ont pas toujours eus : des associations d'idées, des préoccupations analogues aux nôtres, alors que, souvent, elles étaient bien différentes. Aux XII⁲ et XIIIᵉ siècles, le symbolisme n'était pas codifié et il ne l'a pas été depuis. Enfin, la brisure étant exceptionnelle, le sens mystique à elle attaché pouvait n'être que local, isolé, admis dans une région, incompris dans une autre, trop rare, en somme, pour passer à la dignité d'usage ou de règle.

On aurait, cependant, mauvaise grâce à ne pas reconnaître qu'un silence de la part d'écrivains aussi circonstanciés, aussi étendus que Durant de Mende, par exemple, impose réserve et circonspection [1].

(1) Cet argument a fait impression au delà de la Manche. M. John Bilson, un des archéologues anglais les plus avantageusement connus en France, voulant justifier ses compatriotes de la

Il est un cas particulier, individuel, où l'argument négatif est de même force qu'un argument positif. Je suis fier à la fois et de l'indiquer à M. de Lasteyrie, qui n'y avait pas songé, et de lui donner par là un gage nouveau de ma parfaite sincérité, car l'argument est contre moi. La brisure de l'axe existe à Saint-Denis, et c'est par M. de Lasteyrie lui-même que je l'apprends (1). Or, Suger, qui a présidé assidûment à la construction de cette église, qui en connaissait à fond le plan, la coupe, les élévations, les profils, qui était un symboliste déclaré, qui non seulement mettait des symboles dans sa basilique partout où il pouvait, mais encore se plaisait à les commenter, Suger est muet sur la signification de cette brisure. Pour lui, il n'est pas téméraire de le dire, ce n'était sûrement pas un oubli.

Tous les textes, d'ailleurs, ne sont pas négatifs, et, justement, le seul qui concerne une brisure va directement contre son interprétation symbolique. C'est celui qui nous raconte le désespoir d'un architecte messin de la fin du XIV⁰ siècle à la vue du plan de son église irrémédiablement gâté par une déviation qui n'avait nullement été dans son programme (2). Sur ce texte, néanmoins, j'aurais souhaité un supplément d'information, car il perdrait singulièrement de

participation que M. de Lasteyrie leur attribue à la théorie de l'*Inclinato capite*, a publié un article court et substantiel (*Deviation of axis in mediœval churches*, dans le *Journal de l'Institut royal des Architectes britanniques*, nᵒ du 25 décembre 1905) où il analyse, en y adhérant, le mémoire qui m'occupe ; et la question du silence des écrivains est une de celles sur lesquelles il insiste le plus.

(1) Page 453.

(2) *Bulletin Monumental*, t. LXIX, pp. 437-438.

sa valeur s'il n'était pas contemporain ou très voisin de la période 1371-1409, qui est celle de la construction de l'édifice; si ce n'était qu'un *fertur*, l'écho d'une tradition populaire, comme il s'en est tant formé sur les artistes du moyen âge, l'église, encore existante, confirmerait médiocrement cette tradition : ses deux moitiés ne paraîtraient pas avoir été faites l'une pour l'autre, le chœur, moins ancien, étant plus développé en tous sens, comme si son ordonnance avait dû se continuer dans une nef nouvelle (1). Ces particularités laisseraient soupçonner que la brisure, sans être préconçue, fut pratiquée ou subie volontairement. D'autre part, il y avait à cette époque depuis déjà cent cinquante ans, dans la ville même de Metz, une église, Sainte-Ségolène, qui présentait aussi la déviation, et une déviation bien plus choquante et bien moins excusable (2), puisque le monument est homogène, à quelques détails près : ce précédent était certes de nature à atténuer la honte que l'architecte des Célestins aurait pu concevoir de sa mésaventure.

L'abbé Auber se berçait d'une illusion manifeste, lorsqu'il croyait avoir pour lui tel et tel auteur parlant de l'orientation. Il n'a pas été malaisé à Mgr Barbier de Montault de répondre (3) et à M. de Lasteyrie de démontrer plus substantiellement (4) que déviation et orientation, chez ces écrivains, sont deux. Si la question de l'orientation peut se rattacher à celle de la déviation, c'est autrement : je vais bientôt y venir.

---

(1) *Congrès archéologique de France*, t. XIII, Metz (1846), p. 111.
(2) J'ai moi-même constaté cette déviation (au nord) en 1903.
(3) *Bulletin Monumental*, t. XXXIX, p. 310.
(4) *Ibid.*, t. LXIX, pp. 428-429.

Ainsi donc, la discussion des textes affaiblit plus les symbolistes qu'elle ne les fortifie.

Il a été demandé contre eux secours aux vieux crucifix : « Les crucifix se tenaient droit aux hautes époques du moyen âge », dit Mgr Barbier de Montault. Le haut moyen âge, ce sont ici les siècles antérieurs au XIII⁰, comme le montre la suite de la phrase : « le XIIIᵉ siècle a introduit en iconographie le Christ mourant et l'a substitué au Christ triomphant » (1) : fin de phrase qui, d'ailleurs, ne répond à rien de positif et que je cite pour préciser le sens du commencement.

L'auteur de cet argument y revenait à plaisir, et M. de Lasteyrie l'a pleinement adopté (2). Il est hors de conteste que si, dans la représentation directe et matérielle du Christ crucifié, on avait omis de porter sa tête à droite, on ne se serait pas avisé de pratiquer une inclinaison analogue dans ce qui n'était qu'une figuration spirituelle et mystique. Or, il n'en est pas ainsi : les exemples de christs à tête levée, jusqu'à la fin du XIIᵉ siècle, ne sont pas plus nombreux, le sont moins, probablement, que ceux de christs à tête penchée. Il m'a suffi, pour m'en convaincre, de feuilleter le premier volume, récemment paru, de la grande *Histoire de l'Art,* publiée sous la direction de M. André Michel. Les pages 79, 85, 206, 289, 368, 381, 642 (le christ en bois peint donné au musée du Louvre par Courajod), 785, 793 (vitrail de la Crucifixion), 832, 833, 834 m'ont fourni plus de ces exemples qu'il ne m'en aurait rigoureusement fallu. Si les têtes

(1) *Bulletin Monumental,* t. XXXIX, p. 311.
(2) *Ibid.,* t. LXIX, pp. 434 et 435.

penchées ont été l'exception dans la sculpture au XIe et au XIIe siècle (1), alors qu'elles étaient depuis longtemps la règle dans la gravure et surtout dans la peinture. la cause n'en doit pas être cherchée loin : les sculpteurs, alors novices et maladroits, n'osaient ou ne savaient pas encore donner aux corps le mouvement et le geste.

Le vitrail de la Crucifixion. à Saint-Pierre de Poitiers. était attribué par Mgr Barbier de Montault aux premières années du XIIIe siècle; Alfred Ramé. par une logique serrée. le ramène à sa place chronologique. soit à la seconde moitié du XIIe siècle. plutôt vers le milieu que vers la fin. Dans son article (voir plus haut). Mgr Barbier de Montault a. sans y prendre garde. travaillé contre lui-même. en présentant un ivoire où le Christ a la tête penchée. comme dans le vitrail. et qu'il reporte aux « débuts du XIIe siècle » (2).

Quant à l'assertion de Mgr Barbier de Montault. à savoir que « l'église représente en plan une croix et non un crucifix » 3 . elle n'a pas été rééditée par M. de Lasteyrie. qui, au contraire. cite. d'après M. V. Mortet. un passage de Pierre le Chantre où le chœur de l'église est nettement appelé *caput Christi* (4). Au XIIIe siècle. on disait couramment : « la coiffe » : nous disons aujourd'hui « le chevet ».

Des textes. des monuments de la peinture. de la

---

(1) Le chevalier Jos. Bard, dans le *Bulletin Monumental*, t. X, p. 122, a signalé dans les galeries des Uffizzi, à Florence, un christ en bronze, couronné, du Ve siècle, qui « a la tête penchée de gauche à droite »

(2) *Bulletin Monumental*. t. LI, p. 165 et la planche suivante.

(3) *Ibid.*, t. XXXIX, p. 311.

(4) *Ibid.*, t. LXIX, p. 429.

gravure et de la sculpture, qui, s'ils éclairent la discussion, ne peuvent à eux seuls la clore, passons aux monuments de l'architecture, qui sont décisifs. C'est par les monuments de l'architecture qu'est venue l'erreur dont ils sont le sujet, c'est par eux qu'elle s'en ira.

On est toujours un peu le fils de sa propre expérience, un peu le fils des circonstances particulières que l'on a traversées. Or, il semble bien que tous les symbolistes, y compris l'auteur de ces lignes, par quelque fatalité, se soient trouvés en contact d'abord avec des exemples plus nombreux, plus célèbres ou plus suggestifs donnant l'inclinaison de l'axe vers le nord. Ces exemples, il suffit de les avoir rencontrés les premiers sur son chemin pour en être imprégné au point de ne considérer plus qu'eux et de fermer instinctivement les yeux sur les exemples contraires. De là l'erreur, et de là son excuse, car quel archéologue, même parmi les meilleurs, peut se flatter d'être pour toujours à l'abri de ces sortes d'hallucinations ?

Bien que M. de Lasteyrie ait jugé « oiseux de rechercher » à quand et à qui remonte la doctrine symboliste, il l'a discrètement tenté [1]. En cela, il a été mal servi par les citations de l'abbé Auber, qui, par un double malentendu, la fait commencer à M. de Saulcy, fort innocent de la chose. Dans les *Séances générales tenues à Blois* par la Société française d'Archéologie, en 1836, et dont le procès-verbal est inséré tout au long dans le *Bulletin Monumental* de l'année [2], M. de Saulcy a parlé, non de « l'église

(1) *Bulletin Monumental*, t. LXXIX, pp. 423 et 424.
(2) Tome III, pp. 89-161.

d'Eyrouves » (lisez: « Écrouves »; j'ai visité cette église en 1903 et n'y ai point remarqué de brisure), mais de Saint-Nicolas-du-Port, qui a la déviation au sud, et de deux autres églises de Lorraine; et il n'a hasardé aucune interprétation. La référence à l'ouvrage de Schmit doit être rectifiée ainsi: *Manuel de l'architecte des monuments religieux* (1845), v° Axe; et voici comment s'exprime l'auteur: « L'axe de beaucoup d'églises, après le X° siècle, reçoit une légère déviation, soit à gauche, soit à droite, à partir de son point d'intersection avec l'axe du transept. Il en est même où elle fait plusieurs inflexions. On a voulu voir dans cette inclinaison l'intention de représenter le fléchissement de la tête du Sauveur lorsqu'il expira. D'autres savants ont nié et nient encore l'idée symbolique, pour attribuer la déviation, ceux-ci à l'ignorance de l'orientation exacte, qui a occasionné des rectifications dans le cours des travaux; d'autres simplement à la maladresse d'ouvriers qui ne savaient pas se raccorder à un alignement. Il semble que c'est se donner bien de la peine pour écarter, à force d'hypothèses fécondes en objections, une idée fort simple. Qu'y a-t-il de si extraordinaire qu'une époque toute mystique, pleine de l'idée du symbolisme, qu'on ne saurait nier, par exemple, dans la forme de la croix donnée au plan des églises, ait voulu enchérir encore sur cette première pensée, en substituant le Christ même à la croix? Cette pensée n'est-elle pas même complétée par ce superbe rayonnement que forment les chapelles disposées autour du sanctuaire, longtemps avant qu'on eût imaginé d'en établir sur les flancs des nefs vers le XIV° siècle? Au reste, symbolique ou non, le fait est constant, caractéristique ».

La doctrine symboliste existait donc au temps où écrivait Schmit. en 1845, déjà énergiquement affirmée. déjà combattue. C'est de deux années auparavant que date la chaude apologie du système. prononcée au premier Congrès archéologique de Poitiers. le 3 juin 1843. par M. de Chergé 1 : et. peut-être, cette apologie est-elle la plus ancienne.

M. de Chergé faisait valoir trois points : l'irrévérence qu'il y aurait à accuser de maladresse les maîtres maçons du moyen âge : l'impossibilité d'expliquer par des causes matérielles bon nombre des irrégularités de plan : la direction presque constante de la déviation au nord préférablement au sud. point sur lequel il était énergiquement affirmatif.

Viollet-le-Duc. que le chanoine Auber et Mgr Barbier de Montault rangeaient parmi les adversaires de l'*Inclinato capite,* ne s'était déclaré ni pour ni contre. comme le montre la citation donnée par M. de Lasteyrie 2). Il reculait. tout simplement. devant une explication qui l'embarrassait à son tour.

Ce sont bien les trois motifs invoqués par M. de Chergé qui ont entraîné bien d'autres archéologues après lui. et jusqu'à paralyser toute recherche en sens contraire. Comme lui. nous avions cru. de la meilleure foi du monde. que les déviations les plus nombreuses et les plus caractéristiques étaient vers le nord. que les déviations au sud étaient une exception infime et négligeable. et que. pour celles-ci seules. on pouvait soulever les accusations de gaucherie, de maladresse. d'impéritie. C'était d'une logique fort douteuse, assurément.

(1) *Bulletin Monumental,* t. IX, pp. 541-554.
(2) *Ibid.,* t. LXIX, pp. 423-424, note.

Pour ma part, quatre églises ont agi profondément sur moi : Saint-Sernin de Toulouse, Notre-Dame et Saint-Étienne-du-Mont à Paris et la cathédrale de Quimper : les trois premières bâties d'un seul jet autant que peut l'avoir été une église du moyen âge, dont la construction marchait généralement par tranches verticales et non par étagement [1] : la quatrième notablement interrompue, mais exécutée d'après la même méthode, et avec une brisure tellement accentuée (2 degrés 1/2), tellement visible, même de l'extérieur, qu'il était difficile d'y voir un cas fortuit (2).

Mes notes de voyage portent d'autres édifices déviés au nord : cathédrale de Lectoure [3], églises de

(1) A Saint-Étienne-du-Mont, malgré une différence de style qui ne saurait étonner à un moment où la Renaissance, avec toute sa puissance et toute sa séduction, pouvait forcer brusquement les portes des chantiers retardataires, les travaux des deux moitiés de l'église se suivirent de très près, puisque, en 1538, trois ans après l'achèvement du chœur, « on mettait la dernière main au côté méridional de la nef » (*Guide à l'église de Saint-Étienne-du-Mont*, par l'abbé Perdrau, p. 5).

(2) M. Le Men, dans sa *Monographie de la cathédrale de Quimper* (1877), tout en appelant les symbolistes des « esprits très judicieux », ne partage pas leur sentiment ; il a donc essayé (p. 234) une explication, qui ne serait guère flatteuse pour les architectes ou les évêques du lieu : on aurait subordonné l'axe de toute une moitié de l'église à celui d'une chapelle préexistante (laquelle, d'ailleurs, vu son style, serait postérieure ou contemporaine plutot qu'antérieure à l'abside actuelle), alors qu'il était aussi commode et cent fois plus rationnel de laisser la chapelle seule en déviation, de sacrifier la partie pour le tout et non le tout pour la partie. M. le chanoine Abgrall, dans son *Architecture bretonne* (1904), est muet sur cette difformité d'un monument qu'il voit tous les jours ou peu s'en faut.

(3) Le plan qui figure dans le volume du Congrès d'Auch (1901) ne marque pas la déviation, qui pourtant est très sensible.

Marmande (1), de Chambon-sur-Voueize, Saint-Pierre
de Senlis, Saint-Jean de Troyes : sans compter Saint-
Bavon de Gand et Saint-Nicolas de Bruxelles (2).

Je ne parle pas d'exemples où la brisure ne m'est
apparue que sur des témoignages d'autrui, comme
la cathédrale et Saint-Ouen de Rouen (3). A quoi bon
m'efforcer d'enrichir ma liste, puisque, parallèlement
à elle, s'enrichit de son côté une liste qui la balance
et la neutralise ? A quoi bon aussi faire assaut de
nombres, puisque la majorité, fût-il possible de l'établir, ne serait sans doute pas assez écrasante d'une
part ou de l'autre pour une victoire décisive.

La victoire ou, pour employer un mot moins solen-
nel, la solution, elle est dans la présence même de ces
deux listes. La question s'en trouve radicalement
transformée. Nous n'écrivons plus qu'une grande page
des gaucheries, volontaires ou forcées, dont, malgré
notre juste admiration pour les architectes du moyen
âge, et en face de tant de témoignages, nous sommes
contraint de les accuser. A M. de Lasteyrie l'honneur

(1) Voir aussi G. Tholin : *Architecture religieuse de l'Agenais*,
p. 203.

(2) Pour montrer a combien peu de chose tient souvent notre
attention ou notre inattention à l'égard des objets auxquels notre
vue est le plus habituée, je raconterai que, parcourant un jour
une de ces églises avec un confrère qui était né sur la paroisse et
y avait passé en bon chrétien la plus grande partie de sa jeunesse,
je l'intriguai fort en lui faisant remarquer la déviation, dont il ne
s'était jamais aperçu. J'ai moi-même fréquenté plusieurs mois
Saint-Sernin de Toulouse sans y constater davantage la même
particularité ; c'est en considérant la base d'une colonne que je
fus mis en éveil par son défaut de concordance avec les lignes du
pavage.

(3) Communication de M. le Dr Coutan.

de nous l'avoir montré avec toutes les pièces de conviction voulues ; il n'y a plus qu'à s'incliner.

Le symbolisme n'a pas à intervenir devant une maladresse. Celle-ci, de sa nature, n'est pas volontaire ; ou, si son auteur, s'en apercevant au moment même où il la commet, renonce à la corriger, c'est que, désormais, par une impossibilité quelconque, il est réduit à la subir. Si, après coup, lui ou d'autres pour lui se sont réfugiés dans une idée symbolique prétendue, c'était pour couvrir une faute irréparable et tirer d'un mal quelque bien. Qu'on n'y ait pas songé plus d'une fois, c'est ce que je ne me décide pas à admettre.

Quel qu'ait été le goût de nos ancêtres pour le symbolisme, et si ce goût s'est donné libre carrière dans l'iconographie peinte et sculptée, où il ne se heurtait pas à des empêchements matériels, il n'était pas monté à un degré de passion tel que, pour se satisfaire à tout prix, il en vint à mutiler l'architecture, beaucoup moins maniable.

Nos maîtres maçons du moyen âge étaient-ils, après tout, si pointilleux sur les irrégularités de leurs édifices ? Saint-Symphorien de Tours, Notre-Dame d'Étampes, Saint-Aspais de Melun, l'église paroissiale de Creil, l'église de Saint-Maurice-en-Gençay donnent la mesure, et elle est large, de ce que nos vieux architectes étaient capables d'en supporter. Non seulement ils en prenaient aisément leur parti, mais encore quelques-unes se présentent avec le caractère intentionnel le plus indéniable, tant dans les élévations, où elles sont plus apparentes, que dans les plans, où souvent il faut des travaux graphiques pour les surprendre. Ce n'est pas sans une volonté formelle des ordonnateurs et de leurs continuateurs que la façade de la cathédrale de Bourges. où aucun des cinq portails n'est copié sur l'autre. est dyssymétrique depuis le seuil jusqu'à la pointe du dernier pinacle : que les frontispices des cathédrales de Sens. de Noyon. d'Évreux. des églises Sainte-Croix de Bordeaux. Notre-Dame de Saint-Lô. de Saint-Pierre-sur-Dives. etc.. sont boiteux de la base au sommet : que plus de la moitié des grandes églises gothiques a ses tours. soi-disant jumelles. inégales et dissemblables.

Donc. les yeux n'étaient pas choqués jadis. comme les nôtres aujourd'hui. des inflexions d'axes ; et. sans qu'on soit fondé à prétendre qu'elles étaient décrétées à plaisir. il est permis d'admettre que. dans l'esprit du temps. cet inconvénient était des plus secondaires et ne valait pas la peine que. pour y obvier. on renversât impitoyablement tous les obstacles. Au reste. quels étaient les vrais coupables ? Étaient-ce les architectes des chœurs. les chœurs et absides étant censés avoir. selon l'usage dominant. ouvert les chantiers ? Nullement : ils avaient déterminé un axe qu'ils pensaient à bon droit devoir s'imposer à leurs successeurs. À ceux qui ne se sont pas conformés à cet axe et qui. par conséquent. l'ont détourné. à eux la faute. On a pu. néanmoins. en certains cas. reprocher aux premiers quelque imprévoyance.

Il est nécessaire. à plus d'un point de vue. d'introduire le transept dans la question.

M. de Lasteyrie s'est servi de l'absence du transept dans quelques églises déviées — je puis ajouter aux mentions de M. de Lasteyrie celles de la cathédrale de Lectoure, des églises de Saint-Paulien et de Marmande — pour montrer que. n'ayant pas la forme de la croix. celles-là. du moins. ne pouvaient figurer le Christ crucifié et, à plus forte raison, l'inclinaison de sa tête : ce qui impliquerait une présomption défavorable pour toutes les autres (1). L'argument est péremptoire.

Cette considération m'en suggère une autre. Pourquoi se serait-on, au moyen âge, tant attaché à l'*Inclinato capite* symbolique, alors que, si facilement, on se passait du transept, des bras eux-mêmes, sans lesquels l'inclinaison de l'axe ne peut plus signifier celle de la tête divine ?

Les églises que leur importance matérielle ou leur dignité appelait à posséder un transept, et qui ne le possèdent pas, ne sont pas des raretés. Notre-Dame de Paris, Notre-Dame de Senlis et Saint-Étienne de Sens, qui l'ont aujourd'hui, ne le comportaient pas dans leur plan primitif. A la cathédrale de Nevers, à Saint-Leu-d'Esserent, à Saint-Sulpice-de-Favières, à Dourdan, il avait été prévu et n'a pas été exécuté. Il n'a été ni exécuté ni prévu dans les cathédrales de Bourges, d'Avranches, de Cahors, de Périgueux (Saint-Étienne, cathédrale avant le XVII⁽ᵉ⁾ siècle), de Vienne, de Mende, de Saint-Flour, d'Albi, de Mirepoix, de Saint-Bertrand-de-Comminges, de Lectoure, de Condom, de Bazas et autres : dans les églises de Mantes, de Caudebec, de Saint-Lô, de Mortain, de Montfort-l'Amaury, de Moissac, de la Chaise-Dieu, de Saint-Maximin, à Saint-Éloi de Dunkerque, à Saint-Pierre de Chartres, aux Jacobins de Toulouse, etc. Il n'y aurait peut-être aucune témérité à supposer que, malgré son caractère mystique incontesté, la présence du transept a été due souvent à des motifs d'un autre genre. A Notre-Dame de Paris, l'architecte

(1) *Bulletin Monumental*, t. LXIX, p. 435.

qui, le chœur achevé, prépara les fondements de la nef, put voir, par l'effet obtenu, combien l'église serait obscure si l'ordonnance n'en était pas interrompue vers le milieu de la longueur : ce fut évidemment pour faire l'office de lanternes latérales que furent établis les croisillons. A la cathédrale de Bourges, fille comme plan de celle de Paris, l'addition du transept fut jugée moins utile, parce qu'on avait corrigé autrement, en supprimant les tribunes et en surélevant d'autant les premiers bas-côtés, le vice d'éclairage.

Dans les églises qui joignent à la déviation le plan cruciforme, le transept, si je ne me trompe, n'obéit jamais à la déviation et se solidarise avec la nef. Un symboliste de conviction inébranlable pourrait-il saisir là un prétexte d'insister et de soutenir que, les bras demeurant raides et la tête seule étant inclinée, c'est bien le Christ expirant que l'on avait entendu figurer? Je ne le pense pas : des explications techniques sont possibles, et, quand celles-ci sont en concurrence avec des explications tirées de l'imagination et du sentiment, elles doivent jouir d'une autorité égale, ou même, le plus souvent, prévaloir.

Ce n'est point, toutefois, une explication d'ordre matériel que je mets en première ligne. Il s'agit d'orientation et, par conséquent, de liturgie, presque de symbolisme. Je soupçonne fort ceux qui creusaient les fondations d'un chœur nouveau de n'avoir envisagé que cette orientation telle qu'ils la concevaient, et de s'être inquiétés médiocrement des facilités ou des difficultés que trouveraient leurs successeurs à la suivre. Là est l'accusation d'imprévoyance dont tout à l'heure je les déclarais passibles.

La pratique recommandée était de prendre la direction du soleil levant aux équinoxes; mais il en était qui préféraient se régler sur les solstices (1). On pouvait donc, ou bien avoir adopté un système différent de celui qui avait déterminé l'axe du chœur préexistant, ou bien s'être trompé sur la direction juste quand on avait opéré hors de l'époque rituelle : quitte pour les successeurs, s'ils tombaient à faux sur la croisée ou le haut de la nef, à modifier à leur tour l'alignement du reste de l'édifice. Je raisonne sur l'hypothèse que la reconstruction d'un chœur, laquelle, du XIIᵉ au XVIᵉ siècle, était toujours un allongement et un agrandissement, n'était, dans la pensée de ceux qui l'avaient entreprise, que la première étape d'une reconstruction totale : de fait, c'est par exception qu'il en fut autrement dans les grandes églises, comme à Saint-Julien du Mans, à Saint-André de Bordeaux, à Saint-Gervais de Lectoure, à Saint-Remi de Reims, à Jumièges, à Saint-Étienne de Caen, au Mont-Saint-Michel, à Évron (2). Mais, quand on arrivait à la nef et

(1) « Debet sic fundari ecclesia : ut caput recte inspiciat versus orientem, videlicet versus ortum solis æquinoctialem, ad denotandum quod Ecclesia, quæ in terris militat, temperare se debet æquanimiter in prosperis et in adversis; et non versus solstitiale, ut faciunt quidam » (*Rationale*, lib. I, cap. 1, § 8).

(2) Beaucoup de nefs, non reconstruites, étaient certainement projetées. Pour les cathédrales de Beauvais, de Narbonne, de Toulouse, les églises d'Orbais, de Lagny, de Saint-Satur, de Pontlevoy, il n'y a pas le moindre doute. A Montier-en-Der, des arrachements à l'entrée du chœur décèlent suffisamment l'intention. A Saint-Étienne de Beauvais, lorsque, vers la fin du XVIᵉ siècle, on éleva la grosse tour à gauche du portail, on y laissa de même, en arrachements, des assises attestant que l'on avait compté réunir la façade au chœur gothique par une nef homo-

à la croix, c'est alors que surgissaient à l'état aigu les difficultés. Changer l'alignement ancien pour y substituer le nouveau, c'était bientôt dit!

On avait trop compté sans la terrible question d'emplacement. Ce n'est pas qu'elle ait échappé aux prélats, dont la sollicitude n'attendait pas toujours pour s'éveiller le commencement des travaux. Nous voyons Nivelon de Cherisy à Soissons (1), Gautier de Mortagne à Laon (2), Maurice de Sully à Paris (3), Étienne de la Chapelle et Eudes de Sully à Bourges (4), passer des actes relatifs à des concessions ou à des acquisitions de terrains, et traiter soit avec leurs chanoines, soit avec des particuliers.

Mais quelle sagesse, en ce monde, n'est susceptible d'être mise en défaut? On n'imitait pas partout la prudence un peu cauteleuse de l'archevêque et du chapitre de Narbonne, qui, les plans de leur cathédrale étant arrêtés, ne laissèrent pas creuser dans le sol la moindre tranchée sans avoir paré aux surprises de l'avenir par des arrangements en bonne et due forme. Un plan complet de cathédrale gothique importé dans le Midi y couvrait cinq ou six fois plus d'espace qu'une cathédrale romane; le supplément d'espace, il fallait

gène; ce qui nous eût privés, pour une conception assez médiocre, de la nef du XII⁰ siècle, dont la perte eût été si regrettable. A Saint-Jean de Troyes, ce que prouvent encore des arrachements, une nef beaucoup plus ample devait prolonger le chœur de la Renaissance sur l'axe de celui-ci.

(1) E. Lefèvre-Pontalis: *La dédicace de la cathédrale de Soissons*.

(2) L'abbé Bouxin: *La cathédrale Notre-Dame de Laon*, pp. 21-24.

(3) V. Mortet: *La cathédrale et le palais épiscopal de Paris*, pp. 39-41 et 83-85.

(4) Buhot de Kersers: *Statistique monumentale du département du Cher*, t. II, p. 125.

en partie ou en entier le prendre sur les bâtiments
canoniaux ou sur les bâtiments épiscopaux. Naturel-
lement. l'évêque s'efforçait de rejeter le nouveau
périmètre sur les chanoines. ceux-ci sur l'évêque. et
la conclusion du débat était parfois laborieuse. Il y
fallut, à Narbonne. la médiation de Bertrand de l'Ile,
évêque de Toulouse: celui-ci. appelé comme arbitre.
rendit, le 27 avril 1271. une sentence qui, de part et
d'autre. fut acceptée (1).

Ordinairement. pour les cathédrales. les chœurs
prolongés s'épanouissaient à l'aise sur des terrains
publics. sur des maisons particulières d'expropriation
facile. vers des remparts romains hors d'usage que.
plus d'une fois. moyennant des autorisations royales
(Senlis. Bourges. Angers. Le Mans. etc. . on démolit
pour livrer passage aux constructions nouvelles. Point
n'en était ainsi des nefs. L'axe de celles-ci ne pouvait
osciller librement à droite ou à gauche: il était souvent contenu. d'un côté. par les bâtiments de l'évêché.
de l'autre. par ceux du chapitre: si la prolongation de
l'axe du chœur venait à incliner la nef de manière à
prendre ces bâtiments en biais. à les écorner. à en
déformer le plan général. rien d'étrange à ce que l'on
ait reculé et. de deux maux. choisi le moindre. Ce plan
général était rectangulaire dans les parties s'appuyant
à l'église. et. comme ces parties côtoyaient aussi les
croisillons. ceux-ci partageaient le sort de la nef. ils
se réglaient de même qu'elle sur les constructions
préexistantes: et l'axe du chœur restait inobéi. C'était
beaucoup. déjà. que. pour l'élargissement des nefs.
on empiétât sur les demeures épiscopales et cano-

(1) Collection Doat (Bibliothèque nationale), 56, p. 96.

niales (1). Il est vrai que, selon la juste remarque de Viollet-le-Duc, « chaque fois que la cathédrale se rebâtissait à neuf, il était rare que le palais épiscopal ne fût point reconstruit en même temps » 2 .

A Paris, lorsque le chœur s'achevait, Maurice de Sully mettait précisément la dernière main à une réédification de son évêché (3). C'est contre des constructions neuves que venait buter l'alignement prolongé de ce chœur : elles étaient belles et solides ; il eût été dur de les abattre, ce qui, d'autre part, eût réduit la largeur du palais, déjà si limitée par le voisinage de la Seine. On laissa l'axe de la cathédrale décrire son coude, et la gêne qui s'ensuivit se répercuta sur la façade, dont une tour, celle de droite, est, depuis la base, plus étroite que celle de gauche.

Lorsqu'on échappait à la question d'emplacement, il en pouvait surgir une autre, non moins féconde en erreurs et en gaucheries, et celle-là, c'était souvent les architectes eux-mêmes qui la créaient. Il s'agissait, dès qu'on traçait les fondations du chœur, d'aboutir droit sur l'extrémité opposée de l'église, sur une souche de grosse tour qu'on voulait conserver, sur une façade entière dont, suivant un usage fréquent au moyen âge (Saint Denis en est un exemple célèbre).

(1) Lorsque, dès le milieu du XIII⁰ siècle, on augmenta encore la largeur des nefs par l'addition de chapelles latérales, ce fut en sacrifiant une galerie de portique ou de cloitre, que, dans les cathédrales, en ce qui concernait les chapitres, on renonça presque toujours à rétablir, les chanoines abandonnant peu à peu la vie commune.

(2) *Dictionnaire raisonné*, t. VII, p. 14.

(3) V. Mortet : *La cathédrale et le palais épiscopal de Paris*, pp. 73-77.

on poursuivait parallèlement l'exécution. Pour établir la concordance, il fallait opérer à travers des constructions provisoirement conservées, qui empêchaient la vue simultanée des deux bouts ; de là, des complications que les architectes ne surmontaient pas toujours. A un moment donné, la maladresse éclatait. Si ce moment précédait le commencement des travaux dans la nef, on brisait l'axe par le milieu. A Saint-Savin de Poitiers, la nef était plus qu'à moitié faite lorsqu'on vit où on allait, et telle est la vraie cause des contorsions que subit cette nef pour rejoindre la tour occidentale.

Je connais une petite église, en Seine-et-Marne, où l'on surprend sur le vif le travail dont je parlais, consistant à commencer par les deux bouts sans souci des constructions anciennes intermédiaires. A Coulombs, près de Lizy-sur-Ourcq, on refit, tout à la fin du XVIe siècle, dans un style moitié gothique, moitié Renaissance — nous sommes donc ici encore dans les traditions du moyen âge — un chœur très élégant, en inclinaison sensible, vers le midi, sur une nef du commencement du XIIe siècle. On refit concurremment la façade, mais en la reportant par compensation vers le nord et en ne tenant pas compte davantage de l'alignement de la vieille nef. Si celle-ci eût été démolie, comme des arrachements montrent qu'on en avait le projet, la concordance entre toutes les parties nouvelles aurait été pleinement obtenue, grâce à la présence d'esprit de l'architecte.

La cathédrale de Rouen, comme celles d'Amiens, d'Évreux, de Bayeux, de Coutances, de Sées, de Dol, de Nantes, comme aussi Saint-Wulfran d'Abbeville, a été commencée par la nef et ne rentre pas

directement dans les données précédentes. Pour l'y
rattacher, il faut admettre que son plan s'est stricte-
ment conformé aux substructions d'une église du XIIe
siècle, qui, elle, aurait été commencée par le chœur :
je crois fermement, quant à moi (1), après Viollet-le-
Duc (2), avec MM. Maurice Allinne et l'abbé Loisel (3),
à la préexistence de cette église, dont les restes ne
peuvent être méconnus tant au déambulatoire qu'à
la façade.

Les explications que je viens d'essayer, en partie
d'après celles de M. de Lasteyrie lui-même, ne peuvent
s'étendre, évidemment, à tous les cas qui se sont
produits : et plus d'une église restera un problème
troublant et rétif. Telle cette petite église de Marthon,
en Angoumois, dont M. l'abbé Michon a donné le
plan (4). Son chœur à chevet plat s'incline fortement
vers le nord.

L'abbé Michon s'est contenté de dire : « On ne peut
douter que cette inclinaison n'ait été dans l'intention
de l'architecte ». Mais quelle intention ? Ne pourrait-
on pas inférer de la barbarie des archivoltes et des
corniches, tout à fait rudimentaires de ce chevet, que
nous avons là simplement l'œuvre d'un débutant
rural du XIe siècle, et ajouter qu'après tout les plans
biais ne répugnaient pas à nos aïeux autant qu'à
nous, qui, à notre insu, subissons plus ou moins
l'influence du goût classique ?

Je résume enfin la pensée qui est pour moi la
résultante de l'étude à laquelle je viens de me livrer.

(1) Cf. Joanne : *Dictionnaire de la France*, p. 3966.
(2) *Dictionnaire raisonné*, t. II, pp. 262-263.
(3) *La cathédrale de Rouen avant l'incendie de 1200*, pp. 61-81.
(4) *Statistique monumentale de la Charente*, p. 271.

Je n'oserais pas affirmer, avec M. de Lasteyrie (1), qu'il n'y a *jamais* eu la moindre idée mystique dans l'*Inclinato capite*. Cette idée, qui s'est présentée si promptement et si spontanément à nos archéologues les plus familiers avec le moyen âge, ne pouvait-elle venir à ceux qui vivaient au moyen âge même, et au milieu d'exemples plus nombreux que ceux que nous possédons aujourd'hui? Après coup, si l'on veut; très exceptionnellement et très occasionnellement, je l'accorde. Mais, ni de ces faits isolés, ni d'une coutume générale, les monuments, pas plus que les textes, ne fournissent aux symbolistes aucun genre de preuve, alors que contre eux se coalisent des preuves décisives et des inductions très fortes. Je me déclare donc, en ce qui me concerne, pleinement convaincu. M. de Lasteyrie n'est pas de ceux dont la parole doive s'éteindre dans le silence de ses auditeurs ou de ses lecteurs, la réponse fût-elle une adhésion.

Cette adhésion ne saurait me coûter; pour deux excellentes raisons.

La première, c'est qu'il n'est jamais humiliant ni mortifiant d'ouvrir les yeux à la vérité, alors surtout qu'elle est montrée avec la sollicitude et la bienveillance d'un ami; ce titre d'ami, M. de Lasteyrie m'en a plus d'une fois honoré, et j'ai éprouvé que, sous sa plume comme dans sa bouche, il n'est pas un vain témoignage de politesse. Je me plais à lui en exprimer une fois de plus ma profonde reconnaissance.

La seconde raison, c'est que M. de Lasteyrie me retire d'une contradiction où j'étais tombé. Dans le

____

(1) *Bulletin Monumental*, t. LXIX, p. 458.

mémoire auquel il se réfère (1), j'avais voulu justifier nos vieux maîtres maçons du reproche d'avoir tourmenté leurs monuments pour y faire la part plus grande au symbolisme; or, si quelque chose défigure une église, c'est bien la brisure de son axe. On ne manque donc pas de respect envers ces glorieux architectes en les louant d'avoir eu la sagesse de contenir dans les limites de l'art les élans mystiques qu'ils partageaient, et qui trouvaient par tant d'autres moyens une satisfaction plus légitime et des applications plus fécondes.

(1) *L'archéologie du moyen âge et ses méthodes*, pp. 4-6 du tirage à part.

Caen. — Imp. H. Delesques, rue Demolombe, 34.

www.ingramcontent.com/pod-product-compliance
Lightning Source LLC
LaVergne TN
LVHW051333200726
843510LV00002B/620